PHILIPPE GILLE

L'Herbier

POÉSIES

PARIS

ALPHONSE LEMERRE, ÉDITEUR

27-31, PASSAGE CHOISEUL, 27-31

M DCCC LXXXVII

L'Herbier

PHILIPPE GILLE

L'Herbier

POÉSIES

PARIS

ALPHONSE LEMERRE, ÉDITEUR

27-31, PASSAGE CHOISEUL, 27-31

M DCCC LXXXVII

Fleurs et Feuilles

Fleurs et Feuilles

L'ENVOLÉE

Lorsqu'un oiseau captif, échappé d'aventure,
Vole au grand inconnu qu'il croit la liberté,
Lorsqu'il veut d'un coup d'œil mesurer la nature,
Méprisant le logis si longtemps habité,

Son maître, de la nuit voyant approcher l'heure,
(C'est quand on sait aimer que l'on devient craintif)
Contemple tristement cette chère demeure,
Appelant, mais en vain, l'ingrat, le fugitif.

Sentant que son amour lui-même l'effarouche,
Que le cœur a parfois de trop brusques accents,
Il arrête les mots les plus doux sur sa bouche,
Mots chéris au matin et qui n'ont plus de sens.

Il apporte en tremblant une cage déserte,
L'attache doucement à l'ombrage connu,
Y met son meilleur grain, laisse la porte ouverte,
Espérant déjà voir son ami revenu.

Parfois le voyageur s'abat sur la fenêtre;
Il hésite, il compare, il songe à ses grands bois,
Et préférant (qui sait?) le logis ou le maître,
Reprend sa cage d'or et ses chants d'autrefois.

C'est ainsi que j'ai fait, ô volage colombe,
Je ne veux pas savoir tout ce que j'ai souffert,
Mais l'orage a grondé, le jour meurt, la nuit tombe,
Reviens! je t'ai gardé mon triste cœur ouvert!

Viens! je n'entendrai pas le doux bruit de ton aile,
Je retiendrai mon souffle et je vivrai tout bas;
Ne crains pas mes regards, ô ma chère infidèle,
Mes yeux ont trop pleuré, je ne te verrai pas!

LA FIGURINE

Je te reconnais bien, figurine joyeuse!
  Un soir, à son souper, d'une miette de pain,
Tout en me souriant, la rapide oublieuse,
Te créa, te pétrit aux blancheurs de sa main!

En te voyant debout, elle se prit à rire;
Tes jambes se ployaient, ta tête se courbait,
Ton grotesque assemblage augmentait son délire,
Une larme de joie en ses beaux yeux tremblait!

Aujourd'hui rien n'est plus que ta forme séchée !
Loin de redemander ces rires d'autrefois
A tes membres tordus, à ta tête penchée,
J'y cherche seulement l'empreinte de ses doigts !

LA PETITE JEANNE

Votre bras au mien enlacé
Et sous forme de badinage,
Voulez-vous bien au temps passé
Avec moi refaire un voyage?

Nous pourrons évoquer tous deux
Votre printemps et ma jeunesse;
J'ai trente ans, et même un peu mieux,
Vous dix-sept, sans qu'il y paraisse!

J'ai senti, parfum à parfum,
Fleurir les jours de votre enfance,
J'ai vu s'éveiller, un à un,
Les charmes de votre innocence.

Comme l'abeille du matin
Sur le lys que son aile touche,
J'ai vu se poser enfantin,
Le sourire sur votre bouche !

Auprès du foyer paternel
Vous demandiez à ma mémoire
Quelque récit surnaturel
Que vous appeliez : une histoire !

Vous cherchiez d'un air curieux
Les salamandres dans la flamme,
Et moi, dans le fond de vos yeux,
Je regardais passer votre âme !

J'étais trop heureux de conter
Cent merveilles pour un sourire,
Et je parlais sans m'arrêter,
Moi qui ne sais plus rien vous dire !

Je prenais vos petites mains
Dans la mienne, et, toute tremblante,
Vous pensiez à mes noirs lutins,
A la fois peureuse et charmante!

Souriez à ces jours bénis,
Ces jours où l'on n'est occupée
Que d'écouter de tels récits
Pour les redire à sa poupée!

Je répétais avec succès
Le Poucet, Cendrillon, Peau-d'Ane,
Et puis, en partant, j'embrassais
Sur son front la petite Jeanne.

Où sont-ils ceux qui résoudront
Ce doux et bizarre problème:
Voilà mes lèvres, votre front,
Le baiser serait-il le même?

LA LETTRE

D'où viens-tu pauvre messager,
  Quelle route as-tu donc suivie,
Toi qui crois m'apporter la vie
Dans un bagage si léger !

O blond cheveu que le jour dore,
Quand l'infidèle t'a coupé,
T'a doucement enveloppé,
L'infidèle m'aimait encore !

Et toi, blanche fleur de jasmin
Dans la même lettre enfermée,
Tu restas toute parfumée
A la place où te mit sa main.

Cruel et doux retardataire,
Témoin d'un temps cher à mon cœur,
Tu viens me parler de bonheur
Quand mon logis est solitaire !

Tu croyais voir dans mon regard
Briller une larme de joie,
C'en est une autre qui le noie...
Pauvre ami, tu viens un peu tard !

PORTRAIT

Son nom est le plus doux, elle eut hier seize ans ;
    A son aile prenant le duvet, la jeunesse
Fit de son cœur un nid aux espoirs innocents,
Pour que vierge et pudique un jour l'amour y naisse !

Comme l'oiseau qui suit en tous lieux le printemps,
Sa jeune âme à la joie est ouverte sans cesse ;
Sa lèvre en fleur sourit, sans raison, par instants,
Au zéphir parfumé qui passe et la caresse !

Va, marche sans trembler fière de ta beauté,
Traverse nos hasards avec tranquillité
Comme on fait en gagnant une rive connue.

La vie âpre pour nous est douce aux jeunes ans,
Elle n'a que des fleurs et garde ses présents
A ton charme innocent, à ta grâce ingénue.

LE HÉROS

Un jour il se leva du sein des océans.
  Enfant, son front portait le pli du diadème,
Il détrôna des rois, brisa les plus puissants,
Raidit son bras sanglant contre le ciel lui-même,
Arrêta d'un regard les peuples furieux,
Ébranla l'univers à sa voix souveraine,
Par son peuple ébloui fut mis au rang des dieux.
Et n'est qu'un grain de plus dans la poussière humaine !

A VENDRE!

Le sot et plat métier que celui du poète
    Qui vend au plus offrant le plus pur de son sang,
Qui, pour faire un roman que l'éditeur achète,
Un poème nouveau recherché du passant,
Comme au fond d'une mer en son âme réveille
Quelque orage terrible endormi sous ses flots,
Et penchant sur lui-même une attentive oreille,
Choisit pour le succès ses plus cruels sanglots!

Sur ses doigts lentement il suppute et mesure,
On dirait de Perrette allant vendre ses œufs ;
Il gémit avec rime et pleure avec césure,
Craignant à tout instant de voir sécher ses yeux.
Mais la source tarit !... on s'épie, on s'écoute !
Plus rien !... on fouille alors les replis de son sein,
Et pressant bien son cœur on en tire une goutte,
Perle sanglante à vendre au joaillier voisin !

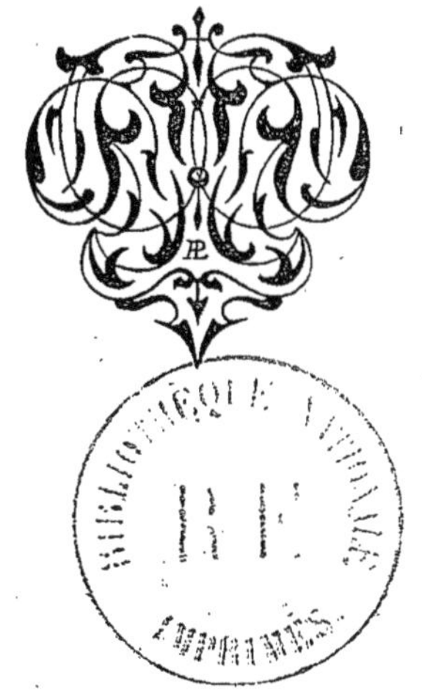

HOMÈRE ET SON GUIDE

L'ENFANT

Répandez vos parfums plus doux,
   Fleurs toutes fières d'une aurore,
Murmure sur les blancs cailloux,
O source limpide et sonore,
Double tes feux et tes éclats
Pur soleil, grand flambeau du monde !

L'AVEUGLE

Les fleurs sont mortes sous mes pas,
Je marche dans l'ombre profonde,
Et ce doux ruisseau qui s'enfuit
Mêle à son onde l'amertume
Des pleurs qui tombent de ma nuit
Dans la blancheur de son écume !

MADRIGAL

A UNE JEUNE FILLE DE VINGT ANS QUI N'EN VOULAIT
AVOUER QUE DIX-NEUF.

Vous avez déjà vingt ans,
　　A quoi bon vous en défendre !
En bouchant vos deux tympans,
En refusant de m'entendre,
N'aurez-vous donc plus vingt ans !

Est-ce une chose si grave
Que l'on doive s'en cacher !
Il vous faut être plus brave
Ou tout au moins y tâcher.
C'est le moment d'être grave !

Vous comptez déjà les pas
Au bout de quelques journées,
Mais que ne dirions-nous pas
Nous, riches de trop d'années,
Si vous les comptez vos pas !

Regardez votre injustice,
Voilà-t-il pas qu'il faudrait
Vous rendre à votre nourrice,
Qu'est-ce que l'on en dirait !
Où peut mener l'injustice !

Vraiment, si je m'écoutais
Je me montrerais sévère,
Et puis je vous en dirais !
Jour de Dieu ! quelle colère,
Si jamais je m'écoutais !

A-t-on jamais vu la rose
Pour aussi peu s'alarmer,
Et s'occuper d'autre chose
Que fleurir et qu'embaumer !
C'est le métier de la rose !

Songez à quels madrigaux
Vingt ans serviraient de texte,
Et dites si Marivaux
Eut jamais plus beau prétexte
A ses galants madrigaux !

Contentez-vous d'être belle,
Et cessez de tracasser
Ces pauvres vingt ans dont l'aile
N'a fait que vous caresser,
Pour vous rendre encor plus belle !

Chaque étoile a ses rayons
Qui, (passez-moi l'hyperbole)
Se comptent par millions !
Faites-donc une auréole
Avec moins de vingt rayons !

SOUS BOIS

Marchons devant nous, bien douce est la pente,
    Le rossignol chante
    Dans l'ombre des bois,
Nos cœurs sont d'accord et la nuit est belle,
    Elle nous appelle,
    Écoutons sa voix !

    Pourquoi faut-il que tout s'efface,
    Que ces rameaux sur nous penchés
    A d'autres demain aient fait place
    Par le temps flétris et séchés !

Ces bois verront une autre aurore
Et d'autres nuits et d'autres jours,
Des oiseaux y viendront encore
Pour y chanter d'autres amours !

Et ce doux sentier qui nous charme,
En l'absence d'un cœur glacé
Recevra peut-être une larme
Où tant de bonheur a passé !

CLORINDE ENDORMIE

Lorsque la Comédie a fini tard on soupe ;
    Pour peu qu'on se connaisse on est bientôt cousin,
Seigneurs, comédiens, tout cela court en troupe,
Chacun riant de l'autre au cabaret voisin.
C'est la loi du théâtre, et je la trouve bonne ;
Une chose pourtant rend mes esprits chagrins,
C'est de voir la jeunesse aux fleurs de sa couronne
Ajouter les parfums de semblables festins !

4

Le bistre au coin de l'œil, la mouche sur la joue,
On vient en falbalas montrer le bras, le sein,
Au milieu de niais dont le meilleur se joue
D'avoir mené Clorinde en ce milieu malsain.
« Et qui, (me dites-vous, ô sage aux mots austères)
« Qui traîne des enfants à ces tristes ébats,
« Comme chacun de nous n'ont-elles pas de mères ?
— Rassurez-vous, monsieur, elles en ont. Hélas !
« — Le soleil n'est-il pas créé pour la jeunesse ? »
— Vous sermonnez encor ? Je vous serre la main !
Le souper est fini, les amants, la maîtresse,
Chacun rentre chez soi — La morale à demain !

Les blonds cheveux épars sur son épaule rose
Elle dort — Tout à l'heure, en son lit parfumé
Sous le brusque sommeil sa paupière s'est close ;
De dentelles, de fleurs, le sol est parsemé,
Et sous son bras qui cède aux molles nonchalances,
Du livre à peine ouvert les feuillets sont brisés.
— Elle sourit — Peut-être à travers les silences,
Oubliant et soupirs et sots marquis frisés,
Elle entend battre un cœur, jeune comme est son âme,
Et s'esquivant de nuit, comme un clerc en amour,
Son esprit s'en va-t-il pour brûler à sa flamme
Les profanations prises au long du jour !

Nul ne sait! — Seulement son visage s'éclaire,
Ses yeux avec effort cherchent à s'entr'ouvrir,
Une flamme inconnue y jette sa lumière,
Et sur sa lèvre un mot en frissons vient courir.
Sa poitrine se gonfle, une rougeur pudique,
Aurore de l'amour qui s'élève du cœur,
Vient empourprer son front de sa candeur mystique,
Une larme a brillé, symbole rédempteur!
— Mais non, tout disparaît, elle sourit encore,
Et l'ombre sous son voile étouffe la lueur !

Pour éclairer le monde il suffit d'une aurore,
Il faut tout un soleil pour ouvrir une fleur !

MADELEINE

Vous en souvient-il, Madeleine,
  De ce beau jour de l'an dernier,
Où je vous coiffais de verveine
Auprès d'un buisson d'églantier !

Nous jurions aux feuilles nouvelles
Tout ce qu'on peut jurer hélas,
Jusqu'à des amours éternelles,
A vingt ans que ne fait-on pas !

Avez-vous encor, Madeleine,
Souvenir de cet églantier?
Où donc est-elle la verveine
De ce beau jour de l'an dernier?

Ah! ne craignez rien, ma folie
Ne va pas jusqu'à demander
A votre cœur, à la prairie,
Les fleurs de ce printemps dernier!

ATTENTE

CHANTEZ, oiseaux des nuits, et vous du haut des cieux
  Retenez votre éclat, ô lointaines étoiles !
Laisse dans leur sommeil ces bois silencieux,
O nuit pleine d'amour, qui portes dans tes voiles
Comme des diamants les astres lumineux !

Car elle va venir, cherchant le chemin sombre,
Marchant d'un pied timide, écoutant chaque bruit,
Craignant les arbres noirs, la grandeur de son ombre,
Les feuilles sous ses pas, un oiseau qui s'enfuit,
Me dire son amour et ses frayeurs sans nombre !

PAYSAGE

L E soleil étend sa lumière
   Sur la campagne toute fière
      D'un tel manteau;
Le fleuve en long serpent promène
Les blonds méandres qu'en la plaine
      Trace son eau.

   Aussi rapide qu'une flèche
   L'oiseau casse une branche sèche
      En s'enfuyant;
   Au bout d'une herbe qui se ploie
   L'araignée enlace sa proie
      D'un fil d'argent.

Les grands pins balancent leurs têtes,
Et sourient, frères des tempêtes,
    Sentant glisser
Dans leur âpre et sombre feuillage,
Un vent frais qui vient du nuage
    Les caresser !

Le lézard coule de la roche,
Verte émeraude ; un bruit est proche,
    Il disparaît !
Un ramier traverse la route,
Sur le rocher boit une goutte
    D'eau qui filtrait !

Un arbrisseau ploie et succombe
Sous un grand nid ; un petit tombe,
    Il va périr !
La mère en cris répand son âme
Pour l'imprudent qui la réclame,
    Veut revenir.

Hors du berceau chacun se penche ;
La mère a pu de branche en branche
    Guider l'enfant ;

Il va rejoindre la couvée,
Sa douce place est retrouvée,
        Il est vivant!

Dans une spirale rapide
L'écureuil rouge au tronc humide
        Monte en grimpant.
Ignorant des rets, de la cage,
Il lance dans le vert feuillage
        Un cri perçant.

Plus de bruit! la forêt immense
Se tait comme un homme qui pense!
        Arbre muet,
Silencieux on te voit naître,
Vivre et mourir, gardien peut-être
        Du grand secret!

   .   .   .   .

Au flanc de la haute montagne
Il est un grand chemin qui gagne
        Un sentier creux;

Au fond de cette route sombre
Du bonheur un soir j'ai vu l'ombre,
        Nous étions deux !

Il pleuvait, sa main dans la mienne,
(Faut-il que seul je m'en souvienne)
        Nous descendions !
Front rayonnant, pieds dans la boue,
D'un baiser j'effleurai sa joue,
        Nous nous aimions !

L'AMOUR PARTI

Il n'est donc plus, ma pauvrette,
  Ce triste amour souffreteux,
Le Saint part avec la fête,
Qu'il reçoive nos adieux!

Bon Dieu! quelle triste mine
Il nous faisait l'autre jour,
Rien n'est plus laid j'imagine
Que ne l'est un vieil amour!

Il avait si grande envie
De regrimper dans les cieux,
Que nous n'avons pu, ma mie,
Le retenir à nous deux!

Je me le rappelle encore
Aux beaux jours de son printemps,
Empourpré de son aurore
Ouvrant l'aile à tous les vents!

Que de fois notre demeure
Abrita ce gai mutin,
Qui ne connaissait pas d'heure,
Ni de soir ni de matin!

A tout son cœur faisait fête,
Il eût mangé du pain bis,
Tout lui servait de couchette,
Il se fût passé d'habits!

D'une seule tromperie
Il fit le péché mortel,
Quand il nous dit, ma chérie :
Enfants, je suis éternel!

Éternel! nous devions croire
Le garder au moins deux ans,
Mais, hélas, c'est de l'histoire,
Il vécut juste un printemps!

Pourquoi t'envoler si vite,
Blond enfant capricieux?
Tout au moins quand on se quitte
Vient-on faire ses adieux!

Rien que ta voix douce et tendre
Suffisait pour nous charmer,
Et si nous pouvions l'entendre
Nous pourrions encore aimer!

L'ÉTOILE

L'ÉTOILE radieuse
 Se mire au sein des eaux,
Et fleurit lumineuse
Au front des verts roseaux!
Ses yeux, dans la ramée,
Sont comme des fruits d'or!
Ceux de la bien-aimée
Sont plus brillants encor!

La brise harmonieuse
Emplit les bois fleuris,
Et soupire, amoureuse,
Comme des mots chéris!
Tout, dans la nuit charmée,
Les redit tendrement!
Oui, mais la bien-aimée
Les dit plus doucement!

FANTAISIE

LES caprices volaient attirés par ton cœur
Comme les papillons légers par une fleur !
Ils brillaient, ils mouraient et renaissaient sans cesse,
Et ton âme semblait, ô changeante maîtresse !
Une ruche féconde enfermant un trésor
A la fois attaqué par mille abeilles d'or !

Roses noires

Roses noires

NOUS

Où donc es-tu, vaillant soldat,
  Dont le nom a rempli les mondes,
Dont le bras, terrible au combat,
Reste inerte aux fosses profondes?

Où donc es-tu, vierge aux yeux doux,
Qui ne quittas ta blanche couche
Que pour ce sombre rendez-vous
Où la mort t'a baisé la bouche?

Où donc es-tu, tremblant vieillard,
Qui ne voyais pas, dans ta joie
A couver ton or du regard,
Que la tombe guettait sa proie?

Où donc es-tu pour l'apaiser,
Pauvre mère à l'âme si tendre,
Cet enfant qui cherche un baiser,
Pâlissant à force d'attendre?

EUX

Nous ne laissons aux sépultures
Qu'un vêtement trop lourd pour nous;
Nous n'avons de corps ni figures,
Et nous ne voulons rien de vous!

Avec notre chair à la terre,
Nous avons tous rendu nos cœurs,
Encor pleins de votre misère,
Encor meurtris de vos douleurs!

Notre vie est l'indifférence;
Invisibles sans nous cacher,
Nous passons, dans notre silence,
Auprès de vous sans vous toucher!

Tarissez vos larmes sans causes,
Vous qui venez pleurer sur nous,
Si nous prenions souci des choses,
C'est nous qui pleurerions sur vous!

LA PETITE MARIE

C'ÉTAIT un jour de Fête-Dieu,
    Et l'on enterrait ma cousine;
Elle avait huit ans. Le ciel bleu,
Au mois des roses, j'imagine,
Devait s'ouvrir bien aisément
Pour la morte, un petit enfant!

Cependant, au chœur de l'église,
J'entendais ces funèbres chants,
Faits pour implorer la remise
De leurs péchés pour les méchants.

Et, par de terribles prières,
On demandait au roi du ciel
L'apaisement de ses colères,
Comme on fait pour un criminel !

Et l'orgue roulait son tonnerre
A faire tressaillir les morts,
Et les chants devenaient plus forts,
Et moi je fis cette prière :

Dieu, pourrais-tu jamais lever ta lourde main
Sur cet ange si doux qu'on pleure et qui te prie,
Qui vient pour te fêter avec un blanc jasmin,
Qui t'appelle son père et qu'on nomme Marie !

UN RÊVE!

L'UN et l'autre attendaient. — Souriant aux douleurs,
    La mère, chaque jour, les appelait! Ses larmes
Lui semblaient douces! La pauvre âme, dans ses pleurs,
En pensant à l'enfant trouvait encor des charmes!
« Dieu, s'il me fait souffrir, le donnera plus beau;
« Tout se paie en la vie, et le ciel fait en sorte
« Qu'après un nouveau mal vienne un bonheur nouveau! »

Le mari l'embrassait; cela la rendait forte :
« — Je voudrais un garçon : il sera brave et grand,
« Il aura les yeux bleus; chacun dans la famille
« Viendra pour caresser, admirer notre enfant!
« Tu l'aimerais mieux, toi, si c'était une fille? »
Et l'homme répondait : « — Oui, j'ai rêvé parfois
« Deux anges avec moi. — Près du foyer, la mère
« Occupée à tresser quelque fil de ses doigts,
« Notre fille cherchant dans nos yeux le mystère
« Qui nous unit tous trois et qui s'appelle amour!
« Tendre fleur de printemps, sous nos baisers éclose,
« Tu le devineras après nous, à ton tour! »

Ils parlaient de l'enfant sans raison et sans cause,
Pour en parler! « — Tiens, femme, » un jour dit le mari,
« Ce que tu penses bas, mon cœur me le révèle;
« Notre avoir, grâce à Dieu, ne s'est pas amoindri,
« Et je viens t'annoncer une bonne nouvelle.
« Quand l'enfant sera né... — la mère tressaillit —
« Il faudra lui donner tous nos jours; mais la ville
« Est dure aux tout petits; le mal les assaillit
« A chaque instant, partout; tu seras plus tranquille
« A la campagne, où l'air est plus pur et plus fort.
« J'ai trouvé près Meudon un logis simple, honnête;
« Nous y vivrons tous trois. Jamais le mauvais sort

« N'ira nous chercher là ; c'est une maisonnette,
« Un jardin est au bout, un peu d'ombre, un peu d'eau
« Et surtout de bonheur ! — Nous mettrons une grille
« Au bassin, pour garder notre enfant, pauvre agneau ! »
La mère l'arrêta : « Tu l'aimes donc, ta fille ! »

C'était de la folie ! Et du matin au soir
On parlait de l'enfant ! Jusqu'à son mariage
Les occupait ! Tous les deux, conduits par l'espoir,
Le suivaient de leurs cœurs au delà de leur âge !
Le grand jour arriva. — Du fond de sa douleur,
La femme s'écria, laissant voir un sourire :
« — Ce n'est pas trop souffrir pour un si grand bonheur ! »
Et le mal augmentait ! Mais elle pouvait dire :
« — Préparez le berceau ! Que les langes soient doux
« Pour le chéri ! » C'était, hélas ! le mot suprême !

Ce ne fut pas l'enfant qui vint au rendez-vous
De la vie ! Et la mère emporta sans blasphème
Sur son sein refroidi, comme un enfant qui dort,
De tant de doux projets l'espérance et le gage !
Et le père suivit le funèbre équipage
Emportant trois défunts ! Son bonheur était mort.

DORS !

Va, reste, ô pauvre mort, dans la tombe couché,
     Ferme bien ton oreille au bruit qui vient de terre,
Et sous l'arbre fleuri qui sur toi s'est penché
Dors, sans te retourner la grande nuit entière !

Si ton corps au tombeau pouvait être arraché,
Si tu pouvais un jour sortir de ta poussière,
Si tu pouvais entendre en un coin bien caché,
Si tu pouvais encor soulever ta paupière !

Tu frémirais d'horreur en étendant les bras,
Tu voilerais ton front du suaire et des draps
- En comptant ce qu'il faut de jours pour qu'on oublie !

Une seconde mort viendrait glacer tes os,
Et tu refermerais les portes de la vie
Ayant vu plus cruel que le ver des tombeaux !

Claudion [*]

* Sous ce titre : *Claudion,* l'auteur a rassemblé quelques fragments qui formaient à peu près le quart d'un poème dont le héros, très réel, était une sorte de Werther. *Claudion* se tira plus mal d'affaire que le personnage de Goëthe : Werther se brûla la cervelle, lui n'y put parvenir, et pour cause, le pauvre garçon ! Après avoir souffert toutes les douleurs morales que la nature a inventées et perfectionne sans cesse pour l'humanité, il avait trouvé, ayant peur de la mort et horreur de la vie, un moyen terme, quelque chose qui n'est pas encore la mort et qui n'est déjà plus la vie ; il avait choisi l'ivresse, il s'était « mis à boire ! » Cette fois la nature fut clémente et lui accorda l'apoplexie foudroyante.

Claudion

———

I

Eh quoi, vous, mes amis, vous voulez que j'oublie
Ce lien adoré qui m'attache à la vie
    Et qu'ont tressé les jours heureux!
Mais ne savez-vous pas que son âme à la mienne
Est unie à ce point qu'en enlever la sienne
    Serait les briser toutes deux!

Parce qu'elle est partie, avez-vous donc pu croire
Qu'un souvenir si doux sortait de ma mémoire,
      Que mon cœur était oublieux !
A quoi bon me parler d'absence, de voyage,
Quand pour voir devant moi sourire son image
      Je n'aurais qu'à fermer les yeux !

Pour que son souvenir de mon âme s'efface
Il faudrait de mon cœur ôter jusqu'à la place
      Que son chaste amour parfuma,
Changer ces bois charmants qu'embellit sa présence,
Prendre aux oiseaux leurs chants, aux forêts leur silence,
      Aux cieux les astres qu'elle aima !

Aussi bien, laissez-moi ; ma blessure est de celles
Que ne guérissent pas les amitiés fidèles,
      Et qui saignent jusqu'à la mort !
Laissez faire le temps, et, je vous en supplie,
Songez qu'en me disant qu'il faut que je l'oublie
      Vous me la rappelez encor !

II

ADIEU, doux souvenir que chaque jour efface,
Adieu, chère douleur que le temps va guérir,
Plus triste cette fois je reviens à la place
Où, le cœur plein de toi, j'aurais voulu mourir !

Ne saurais-tu garder, pauvre mémoire humaine,
Ces regrets du plaisir qu'on appelle douleurs,
Et, fantôme léger que l'habitude mène,
Vas-tu donc oubliant et le rire et les pleurs ?

8

Malgré ma volonté, de ma main défaillante
Je laisserai tomber dans le temps, pour jamais,
Cette urne où j'enfermai ma jeunesse expirante
Avec le nom chéri de celle que j'aimais !

Est-ce là de la vie une loi nécessaire
Que tout soit en naissant à l'instant effacé,
Et, sans pouvoir fixer même une peine amère,
Qu'il faille aussi pleurer les larmes du passé !

III

Ingrate! emporte donc, sous ce pâle soleil,
De dix-huit ans en fleurs le sourire vermeil,
Sans chercher si pour nous ton absence est cruelle!
Va-t'en jeter l'éclat de ton regard vainqueur
Sur ces fleuves glacés, cette neige éternelle,
Moins blanche que ton sein, moins froide que ton cœur!

IV

Ah ! fuyez, douce image à mon âme trop chère,
  Respectez un repos cruellement gagné,
Et pensez, si j'ai bu dans votre coupe amère,
Que mon cœur l'emplirait de ce qu'il a saigné !

Oui, loin de moi vivez maintenant à votre aise,
Que votre cœur n'ait plus ces faux élans glacés,
Nulle chaîne aujourd'hui, nul devoir ne lui pèse,
Des pages de l'amour ils sont bien effacés,

Ces mots qu'avait signés une lèvre insensée !
L'oiseau captif a pris son essor radieux,
Et je ne verrai plus qu'au fond de ma pensée,
Le beau corps que j'aimais, votre bouche et vos yeux !

Ah ! que n'emportiez-vous votre image chérie,
Pourquoi n'avoir pas pris ce lambeau de mon cœur,
Et ne vouliez-vous donc me laisser de la vie
Que ce qu'il en fallait pour mourir de douleur !
Peut-être, j'en conviens, n'ai-je pas su comprendre
Ce que vaut ici-bas le trésor que j'avais,
Quand votre âme parlait n'ai-je pas su l'entendre !
Et doutiez-vous de moi quand pour vous je vivais !

Peut-être aux duretés de mon amour farouche
Aurai-je fait saigner votre cœur délicat,
Peut-être qu'un pardon était sur votre bouche
Et qu'en disant adieu, moi seul étais ingrat !
Peut-être... mais que sais-je ?... où s'égare mon âme !
Vous auriez dû penser, ingrate, entendez-vous ?
Que quand on a tout mis sous les pieds d'une femme,
Qu'en pensant à son nom on pliait les genoux,
Qu'on a depuis la nuit pleuré jusqu'à l'aurore,
Qu'on ne regrette rien, qu'on ferait tout encore,

Il faut qu'on aime bien!... Et que l'oiseau qui fuit,
Quoique joyeux d'abord au sortir de la cage,
Craignant sa liberté, le plus souvent la nuit
D'un vol désespéré revient battre au vitrage!

V

Jetant à pleine main, comme un riche semeur
   Qui, dédaignant le grain de sa poche alourdie,
Le lance sans compter au gré de son humeur,
Voilà trois ans entiers que j'ai pris de ma vie !
Mon regard ne cherchait ni terre ni sillons,
J'allais semant toujours les heures, les journées,
Le vent les emportait dans ses noirs tourbillons
Comme les fleurs du foin à son souffle fanées !

De tant de jours passés les fantômes sont là,
Je les retrouve tous et mon âme en est pleine ;
Cet amour si léger qu'un jour il s'envola
Comme un fil de l'automne au souffle d'une haleine,
M'apparaît souriant et je lui tends les bras !
Je revois le logis, la fenêtre, la porte,
Ma raison veut l'oubli de ce vide fatras,
L'âme qui se souvient est encor la plus forte,
Et ce passé maudit qui me poursuit partout,
En remplissant mon cœur, mes yeux et ma mémoire,
Je serais, en luttant, sûr de l'effacer tout,
Que lâche je fuirais en craignant la victoire !

VI

N'EST-CE donc pas assez de la mort du tombeau,
    Pour dénouer ce fil qui nous lie à la terre,
Faut-il qu'avant-coureur des frissons d'un caveau,
La mort de notre cœur ait sonné la première!

Ces mots qu'hier encor, sur ses lèvres en feu,
Ma bouche demandait à toute sa tendresse,
Sont glacés maintenant et ne sont qu'un adieu,
Et là gît le néant où vivait la caresse!

En vain de ce cadavre étreignant la froideur,
Je veux douter encore, y chercher l'étincelle
Que le Dieu de la vie avait mise en son cœur,
Le froid est dans ses bras, l'ombre dans sa prunelle.

Elle ne me voit plus ; car de ce mort vivant
L'âme est partie un soir, céleste voyageuse,
Sur un rayon d'amour, souriante en suivant
De quelque astre divin la course radieuse !

VII

MOLLEMENT appuyée au bras de son amant
Je la vis s'avancer sous les épais ombrages ;
Mille oiseaux emplissaient les airs de leurs ramages
Et le vent me semblait souffler plus doucement !

Je revis de ses yeux le sourire charmant,
Plus qu'à nos jours passés je la retrouvai belle,
C'était une splendeur, un éblouissement,
L'ange de la beauté ! — Mais ce n'était plus elle !

VIII

ME voilà de retour, ô mes chères pénates,
Bien triste je reviens m'abriter près de vous,
A peine si mon cœur me rappelle les dates
Des soirs et des matins qui me semblaient si doux !

Je reviens tout brisé d'un étrange voyage,
Hier, je suis parti, j'avais au cœur vingt ans,
Et voilà qu'aujourd'hui j'ai la ride au visage
Et que mon front pâli compte des cheveux blancs !

Cela, parce qu'un jour, pris d'une audace vaine,
Imprudent j'avais fait le rêve d'être heureux,
Et que Dieu ne veut pas que la misère humaine
Pour éclairer sa nuit prenne un rayon des cieux !

Je sais, pauvre insensé, que ma chimère est morte,
Que depuis bien des jours elle n'est plus ici,
Et cependant je crois entendre ouvrir ma porte,
Marcher d'un pas léger et dire : me voici !

IX

J'AVAIS donc écrit sur le sable
  Ce rêve insensé d'un amour
Que le ciel n'avait fait durable
Que pour un instant, pour un jour !

Le vent s'est élevé terrible,
Et tout ce que j'avais construit
Devant son souffle irrésistible,
A croulé bien avant la nuit !

Emportez ces fleurs embaumées,
Étouffez ces refrains joyeux,
Et loin de ces rives aimées
Entraînez-moi sous d'autres cieux !

J'ai vu s'effeuiller ma jeunèsse
Rêve par rêve et jour par jour,
Sans même un semblant de tendresse,
Sans un mot sincère en retour !

La honte m'en monte à la joue,
Au vent j'ai jeté ce trésor,
L'amour ! et le sillon de boue
S'est enrichi de ce grain d'or !

X

Pourquoi rougirions-nous de les avoir aimées
    Ces filles de plaisir, ces ombres de bonheur
Au souffle passager du caprice formées,
Et qu'un premier orage emporte dans leur fleur?

Oui, nous avons cherché, pèlerins que nous sommes,
L'oasis enchantée où repose l'amour,
Et suivant, éblouis, de séduisants fantômes,
Laissé le vrai chemin pour prendre un long détour!

Nous nous sommes assis sur le bord de la route,
Et nous avons compté tous ces pas faits en vain,
Pleurant d'avoir perdu dans les ombres du doute
Pour de pâles lueurs le grand flambeau divin!

Nous avons blasphémé contre notre méprise
Et nous avons maudit ces pauvres feux-follets,
Créés par un nuage, éteints par une brise,
Du rêve le plus doux embryons incomplets!

Créature d'orgueil, dont la raison chancelle,
N'était-ce pas assez d'avoir fait en chemin
De l'ignoble caillou jaillir une étincelle,
Et croyais-tu tenir un soleil dans ta main?

XI

Lorsque Socrate eut pris le funèbre breuvage,
Il voulut impassible, en un suprême effort,
Assister, lui vivant, au meurtrier ravage
Que ferait pas à pas, cette boisson de mort,
Et bien qu'à ses amis parlant sur toutes choses,
Il sentait sans effroi, du haut de sa raison,
Discutant les effets, examinant les causes,
Goutte à goutte filtrer l'implacable poison.

La ciguë étanchant sa soif inassouvie
Cherchant toujours le sang montait et descendait,
Comme un chasseur ardent qui poursuivrait la vie;
Et curieux toujours, Socrate regardait!

Il n'eut pas pour lui-même en ce moment suprême
Un seul mot de pitié, n'implora pas le sort.
Il ne voulait que voir se résoudre un problème,
Et dès qu'il l'eut trouvé, mourut comme on s'endort!

Aujourd'hui, comme lui, le poison dans les veines,
Je veux voir arriver le terrible moment
Et sentir par anneaux se détacher les chaînes
De ma vie. A mon tour je veux savoir comment
Ce que le ciel a joint se délie en une heure,
Et suivre les progrès de cet étrange mal
Que l'on ne quitte plus jusqu'à ce qu'on en meure,
Marqués dès le berceau par un signe fatal!

Ma blessure est saignante et le bord de la plaie
Sous mon ongle inquiet s'est encore agrandi!
Bien fou qui croit guérir et lâchement essaie
Un dictame nouveau. — Je serai plus hardi!

Quelque horrible douleur qu'au sein de ma blessure
Ait pu jeter le ciel, cherchant le plus profond,
Je veux ouvrir sa lèvre avec une main sûre
Et courbé, sans pâlir, regarder jusqu'au fond !

XII

Au fond des souterrains, des cavernes profondes
  Où l'homme va chercher les métaux enfouis,
Dans ces obscurités en visions fécondes
Où l'on entend gronder des souffles inouïs,

Le voyageur est pris d'une terreur soudaine,
Son courage s'abat, tout lui devient effort,
Dans sa poitrine il sent s'arrêter son haleine,
Et croit avoir franchi les portes de la mort!

Chemins mystérieux, entrailles de la terre,
Il vous échappe enfin, c'est le jour!... le réveil!
Il respire, il vit double, il revoit la lumière
Ébloui comme Adam à son premier soleil!

Ainsi je suis rentré d'aujourd'hui dans la vie,
Reprenant de nouveau les chemins d'autrefois,
Et mes yeux rajeunis, et mon âme ravie
Croient la voir et l'aimer pour la première fois!

XIII

C'EST vrai, nous étions deux sur le même chemin,
  Lui, crut fouler aux pieds un bloc de pierre inerte,
Mais moi je m'arrêtai ; j'écartai, sous ma main,
Du lichen desséché la chevelure verte ;

Je soulevai le marbre à toute sa hauteur,
Sentant s'emplir mon cœur d'une force nouvelle,
Et, comme Galathée à l'antique sculpteur,
Apparut à mes yeux ma statue immortelle !

Où l'insensé n'a vu qu'un caprice d'un jour,
Des formes de plaisir par le hasard tracées,
J'ai trouvé ce trésor qu'on appelle l'amour,
Et qui paie au delà les misères passées !

XIV

C'en est fait, chaque jour dans l'inégale lutte
    Apporte à ma faiblesse un obstacle de plus;
Tout s'arrache à la mort, une heure, une minute;
Je paie en mille efforts des instants superflus!

D'un poids encor plus lourd pèse sur moi la vie;
Mes mains sentent glisser son terrible fardeau.
Ah! béni soit celui qui me l'aurait ravie
Et sur la comédie eût baissé le rideau!

Non! l'existence encor! dérision amère,
Comme si sa clarté valait celle des cieux!
Soufflez, esprits divins, cette flamme éphémère,
L'huile est près de tarir dans ce flambeau trop vieux!

Ce que Dieu fait est bon, ne pleurez pas ma vie;
Il est vrai qu'il nous trace un chemin limité
Où se brisent nos cœurs, mais sa grâce infinie,
Pour nous en reposer, créa l'éternité!

XV

Lorsque tout sera dit et qu'autour de ta couche
    Nous jetterons sur toi nos regards curieux,
Quand l'âme qui s'envole entr'ouvrira ta bouche,
Et qu'enfin tu pourras rester silencieux !

La Faculté viendra, savante avec le livre,
Et tel sera, je crois, à peu près son décret :
« On ne sait rien, sinon qu'il était fait pour vivre,
« Et que la mort emporte avec lui son secret. »

Une femme, à son tour, mystérieuse et sombre,
Soulevant le linceul de l'éternel dormeur,
Ouvrira devant tous tes deux yeux remplis d'ombre,
Et montrera tes mains se crispant sur ton cœur...

Alors, nous te dirons : « Repose ton martyre !
« Tu sus traîner la vie, un couteau dans le flanc,
« Et quand auprès de nous tu feignais de sourire,
« Tu séchais en silence une goutte de sang. »

TABLE

TABLE

FLEURS ET FEUILLES

	Pages
L'Envolée.	3
La Figurine	6
La petite Jeanne	8
La Lettre	11
Portrait.	13
Le Héros	15
A vendre.	16
Homère et son Guide.	18
Madrigal	20

Pages

Sous bois 23
Clorinde endormie. 25
Madeleine. 28
Attente. 30
Paysage. 31
L'Amour parti 35
L'Étoile. 38
Fantaisie.. 40

ROSES NOIRES

Les Vivants et les Morts. 43
La petite Marie. 46
Un Rêve 48
Dors 51

CLAUDION

Eh quoi, vous, mes amis, vous voulez que j'oublie 55
Adieu, doux souvenir que chaque jour efface. 57
Ingrate! emporte donc sous ce pâle soleil 59
Ah! fuyez, douce image. 60
Jetant à pleine main, comme un riche semeur. 63
N'est-ce donc pas assez de la mort du tombeau. 65
Mollement appuyée au bras de son amant 67
Me voilà de retour, ô mes chères parentes 68

Pages

J'avais donc écrit sur le sable.   70
Pourquoi rougirions-nous de les avoir aimées   72
Lorsque Socrate eut pris le funèbre breuvage.   74
Au fond des souterrains, des cavernes profondes.   77
C'est vrai, nous étions deux sur le même chemin.   79
C'en est fait, chaque jour dans l'inégale lutte   81
Lorsque tout sera dit et qu'autour de ta couche.   83

Achevé d'imprimer

LE NEUF AVRIL MIL HUIT CENT QUATRE-VINGT-SEPT

PAR

ALPHONSE LEMERRE

(Bancel, *conducteur*)

25, RUE DES GRANDS-AUGUSTINS

A PARIS